그냥 가만히, 가만히 그렇게

리토피아포에지 · 146
그냥 가만히, 가만히 그렇게

인쇄 2023. 6. 15 발행 2023. 6. 20
지은이 김유석 펴낸이 정기옥
펴낸곳 리토피아
출판등록 2006. 6. 15. 제2006-12호
주소 21513 인천 부평구 평천로255번길 13, 903호(부평테크노파크M2)
전화 032-883-5356 전송032-891-5356
홈페이지 www.litopia21.com 전자우편 litopia@hanmail.net

ISBN-978-89-6412-182-5 03810

값 12,000원

지평선시동인 제8집

그냥 가만히, 가만히 그렇게

리토피아
LITERATURE & UTOPIA

8집을 묶으면서

또 한 획 밑줄을 긋고
거기 무엇을 적을까 망설인다.

질문을 던질 만큼 멀지 않고
답을 지을 만큼 가까이 끌리지도 않는다.

오래 서 있거나 아득히 걸어가는,

허공이면서 바닥인 생의 배후에
나풀거리는 풀잎의 점자들이
저마다 소슬하다.

2023년 5월

지평선시동인 일동

차례

이승훈

이세영

이강길

지연

소룡골 시편·5

소룡골 시편·38

소룡골 시편·52

소룡골 시편·53

통로

전북 임실 출생.

2013년 ≪시산맥≫ 신인문학상.

2016년 〈무등일보〉 신춘문예 당선.

시집 『건너와 빈칸으로』, 『내일은 어떻게 생겼을까』.

소룡골 시편·5
—거울 속의 강물

할머니는 얼굴보다 먼저 고무신을 닦았지 지푸라기에 양잿물을 묻혀서 뽀득뽀득 때를 벗겼지

꿈결에 먼 길을 다녀온 것 같았지 맑은 얼굴을 하고 있던 고무신

할머니는 베개를 안고 건넛방에 계신 할아버지에게 가시곤 했어

국화구름무늬가 그려진 검은 거울을 보면서 쪽 찐 머리를 다듬었지

마당에 달빛을 지나서 두엄자리를 지나서 돼지 막을 지나서 허청 옆에 있는 할아버지의 외딴방

할머니는 그렇게 할아버지를 따라가셨지 댓돌 위에 고무신을 신고 오늘 나에게 오셨나 거울 속에 강물이 반짝이네

소룡골 시편·38

—오월

곗돈을 두 차례 떼인 엄마는 서른한 살에 오두먹덕 집에서 도자기 접시를 떼어와 팔았습니다

등에 아기를 들쳐메고 갈담이고 금동이고 할 것 없이 돌아다녔습니다 물건이 어찌나 잘 팔리는지 그 재미에 빠져서 저녁이 되는 줄도 몰랐습니다

어떤 이는 음식을 내놓으며 자고 가라 하고 어떤 이는 씨아시를 내놓으며 물건을 갈아준다고 옷깃을 잡았습니다

모랫재를 포도시 걸어서 신작로 시계방에 물건을 맡겨놓고 마당에 들어서는데

할아버지는 저 오살년이 집안 망신시킨다며 저년을 두들겨 패 죽여라 곰방대를 두드리고 아버지는 몽둥이를 찾아 홀떡이고 밤은 깊어가는데 이년이 내 등 뒤에 숨었다 광에 숨었다 할아버지는 담배 연기를 빠끔거리며 일러 주었습니다

아기를 안방에 던져놓듯 뉘어 놓고 이 집에서 저 집으로 도망 다닌 엄마는 밤새 목이 길어졌습니다 삐비 새순 같은 아기 울음이 뒷산을 울렸습니다

젖이 불어서 앞섶이 흠뻑 젖은 엄마는 가슴을 풀어헤치며 납작한 걸음으로 안방을 들어갔습니다 아기가 젖을 꿀떡꿀떡 삼키는 소리를 들었습니다 어둠이 파랗게 기지개를 켜는 밤이었습니다

소룡골 시편·52
–건널목

얘야 닭목을 먹으면 노래를 잘한단다

언제나 닭목은 내 차지였는데
닭의 목뼈 같은 건널목을 건너면
피아노 앞에서 노래를 부르는 닭이 된 것 같았는데

건너야 하는 세계는 왜 이리 많은지

패랭이 같은 할머니는 닭목을 한 번에 확 비틀었는데 말이야 팔팔 끓는 물에 닭을 넣었는데 말이야 기절했던 닭이 살아나서 헐레벌떡 뛰어가고 날아가고 그리고 그리고 그리고 하면서 털 뽑힌 채로 그리고 나무야 그리고 학교야 그리고 정육점아 그리고 지붕아 아 그리고 하늘아 딩동댕동 꼬끼오 사람들은 검은 건반이 많은 밤을 건너는데 말이야

파 한 단에 오천 워언 확성기를 틀고 천천히 멈춘 트럭이 있는데 말이야 영혼이 있다고 믿으십니까 한 묶음에서 빠져나온 전단지 한 장 받았는데 말이야 짐승의 표

〉

눈썹 위로 반듯하게 자른 머리카락이 흔들리는데 말이야
나는 봉지에 찍힌 바코드, 바코드 찍힌 평화

건널목을 연결해도 깃털 빠진 안녕
닭장 위로
사방에 신호등이 눈을 부라리는데 말이야

소룡골 시편·53

—미만彌滿

사람들이 물웅덩이를 피해 지나갈 때 알았지
웅덩이에 고인 빗물은 신의 눈동자라는 것을

오랜만에 바닥에 누워 떠나온 하늘을 바라보면
바람은 당신 체취를 만지고
새가 그림자를 떨어뜨리고 가지

걸음마를 시작한 아랫집 희철이가
당신 눈을 철벙 밟다가 넘어진다
번데기 같은 고추를 흔들며 벌떡 일어난다

오구 오구 하면서 가실댁이 뛰어오고
당신도 오랜만에 눈빛이 자지러진다

골목마다 크거나 작게 째지거나 둥글게 고인
당신의 눈동자는 흔하디흔해

완전하다는 것은 온전히 모자란 것이기도 해서

햇볕에 웅덩이가 사그라질 때

누가 당신의 눈을 덜어냈지
당신도 핑계 삼아 눈을 감고 싶을 때가 있다

통로

1.
숫자들이 늘어납니다
오르려는 사람과 내려가는 사람들
서로를 밀며
밀지 마, 밀지 마를 외치며

한쪽에서는 음악이 울리고 춤을 추고
한쪽에서는 비명이 울리고 숨이 막히고

무슨 상관이에요
우리는 각자의 통로를 지나가고 있어요

뭐야 관종이야
벽을 잡고 빠져나온 사람들
기둥을 잡고 기어오른 사람들

이대로 가다가는 죽어요
제 아이를 받아주세요

〉

통로를 찾을 수 없어요
심폐소생술이 필요해요
경험 있는 분 어서 와주세요

가슴을 눌러도 눌러도
깨어나지 않는 목숨, 목숨
제발 눈 떠 눈 떠

사는 게 축제였으면 했어요
괴물 얼굴이든
호박 얼굴이든
마귀 얼굴이든
배트맨 얼굴이든
토끼든 지팡이든
함께 축제였으면 했어요

죄인가요 웃음이 죄인가요

사는 게 무기력해서
귀신으로 둔갑한 게 죄인가요

가슴을 흔들며 심폐소생술을 할 때
옥상 테라스에서 누군가는 계속 술을 마셔요
누군가는 길가에 누운 차가운 숨을
폰으로 인증해요

이곳에서 우린 다시 죄인이에요
통로 없이 흩어지는 변명을 들으며
통로 없이 흩어지는 새들의 비명을 들으며

얘야 우린 새에 가까운, 공공의 영웅이자 비밀이란다*

지하철에서 쏟아져나오는 목숨이
전류를 털면서 반동으로 헤맵니다

이태원 지하철 1번 출구

쌓여가는 국화와 색색의 젤리 앞에서

2.
통로만 남겨놓고 첩첩이 쌓인 짐들
그 속에서 너는 웅크리고
임신했다고 말했어

분명 빈궁마마라고 웃었었는데
볼록한 너의 배
죽은 아들을 품었구나

집을 나가야 해 먹구름 같은 얼굴에서

비가 오는구나
깨어나
꿈을 흔들어도
빗방울이 난간에 매달려 있어
〉

아까워서 제대로 만지지도 못했다고 했는데
하루아침에 그렇게
투명해서 위태롭다 너는

억울해
세월의 난간에 매달려
이제 하루를 어떻게 낳아야 하나

살아야 할 이유를 찾기 위해
집을 나가자 해도 갈 곳이 없다

* 로베르토 볼라뇨의 시 「멕시코의 고지라」 중에서.

시작 노트

쌓인 눈 사이에 까치꽃 새싹이 올라오고 있다.
바라보고 아 바라보고,
서로 다른 체온으로 서로를 녹인다.

전창옥

죽음에 이르는 병

심우도송尋牛圖頌

전주 출생.

≪동서문학≫으로 등단.

전북불교문학 동인.

시집 『서편문을 나서다』, 『광화문』(공저).

죽음에 이르는 병

멀리 스칸디나비아반도 해변
파도에 젖은 배를 매어 놓고
헤아릴 수 없는 바다를 헤아리던
선사는 좁은 묘지에 들어 있네

육근의 성난 추임새로 쫓겼던
습속習俗을 뒷골목에 배설하고
마지막 담쟁이잎으로 붙어있는
절망*까지 뜯어 돛으로 부풀리며

인도양 먼 섬 바오밥 그늘 밑
목갈라나*의 닳은 노를 끌며
선사는 좁은 묘지로 들어가네
헤아릴 수 없는 주검들을 헤아리고

* 임규정 옮김, 『죽음에 이르는 병』(한길사. pp. 63-70).
* 목련존자. 부처의 제자로서 포교 도중 맞아 죽음.

심우도송尋牛圖頌

심우尋牛·1

해지는 길 따라 석탑 기울고
그림자 초저녁달이 지워가는

견적見跡·2

망상이 내리치는 숲길
문신으로 남아있는 시간의 흔적

견우見牛·3

백두 설악은 허깨비 고갯길
금강이 두 뿔을 세우니

득우得牛·4

상단 위에 마른 북어
객은 반딧불과 농하고
도량에 떠 있는 빈 잔

목우牧牛·5

가마우지 물고기 토해 놓고
어부는 낮꿈을 꾸는데

기우귀가騎牛歸家·6

싸리꽃 만개한 언덕길을
노파는 수레 끌며 오르고

망우존인忘牛存人·7

흑장미 터지는 보제루 밑에선
용수 쓴 걸인 이를 잡고 있네

인우구망人牛俱忘·8

이끼 돋은 서늘한 바위
취해 누우면
창공에 흰 사금파리 비행운

반본환원返本還源·9

장맛비에 젖은 보궁의 흙벽 위
무너지는 그림 열 장

입전 수수入廛垂手·10

담장 밖 닭 울음소리
적막이 있는 밤은 쓸쓸했네

시작 노트

唯悟集虛 虛者心齋也.

임백령

일용할 양식

순간 체험

박각시를 기다리다·5

한계령

다시 열차를 타고

남원 출생.

시집 『거대한 트리』,

『미얀마 미얀마 오, 광주Myanmar Myanmar Oh Kwangju』 등.

일용할 양식

라오스 어느 언덕에서 새를 샀지.
두 마리 3달러를 주고
새에게 자유를 선물했지.
새를 파는 주인에게 적선하는 셈 치고

참새보다 작고 어두운 빛깔의 날렵한 새들
그들은 오늘도 가난한 인간의 생계를 위해
자신들의 날개를 슬그머니 접고 있을까.

사냥꾼 손길을 떠나
지푸라기로 얽은 손바닥만 한 새장 속에 갇혀
노을을 짓는 속울음 삼키고 있을까.

누군가의 볼모가 되어
그들의 힘을, 경제를, 웃음을 만들어 주는
인간의 제물, 신에게 바쳐지지 않는
그 가엾은 희생.

강대국의 손아귀에서 벗어나지 못하는 동족
누구나 포크로 찔러 제 입에 가져가는
우리의 일용할 양식을 본다.

순간 체험

쫓기는 자는 발길이 딱 멈춘 자리에서
몇 걸음 밖으로 튕겨 나고자 했을 것이다.
용수철처럼 키를 낮춘 신경의 실타래
꿈꾸기조차 허용되지 않는 절명의 순간에
사로잡힌다. 오싹한 공포로, 얼어붙어, 버린다.

몇 걸음 밖 간절히 그들이 원했던 자리
살아나서 보고 있는 풍경이 아름답다.
원점의 파문으로 꽃피는 그들의 평화
그들의 도피와 그들의 안전지대가 둘러 있다.

죽어서도 살아 떼어낼 수 없는 몸속
죽지 않는 공포의 신경들 뒤엉켜 만든
짧지만 아무도 모르는 감각이 살아난다.
어두워졌던 눈이 돌아와 박히고 귀가
열린다. 혼비백산 손발이 자라나 달아난다.

육탈 된 뼈마디로부터 몇 발자국 밖

절박하게 옮겨가 피할 곳 한 자리
그들이 오지 못한 곳에서 그들을
바라본다. 박제되어버린 공포를
기념비로 세워 놓고 굳어버린 자들이
도달하고자 했던 곳에서 손을 내민다.

한 치도 안 되는 곳으로 그들을
몰아세우던 자들은 현장에 없다.
자세 거두고 돌아가 꽃을 심는 터전이
그토록 증오했던 사람들 열망했던 자리
미처 꿈꾸지 못한 아름다운 배경임을
그들의 눈을 렌즈 삼아 기념사진 찍고
저마다 그 자리 뜰 때까지도 모른다.

박각시를 기다리다·5

늙은 박각시를 보았다.
추석을 며칠 앞둔 가을날 아침
곱게 차려입던 옷 빛바래고
화장기 지워진 몸의 무거운 부력
보이지 않던 공중 길 처지고 가라앉아
부쩍 힘에 부치는 탁발의 몸통
여장 수컷의 남은 생을 위해
새벽같이 문 열어 놓은 푸른 나팔꽃
잠시도 머물 새 없이 부산을 떨어
눈여겨볼 수도 없는 감쪽같은 비행
이제 기우뚱 평형을 잃고
부딪기도 하는 날개
지워진 화장기 주름도 엿보이는
젊은 박각시의 울컥한 과거를
풀밭 너머 박통은 기억하고 있다.

한계령寒溪嶺

희망과 초월의 봉우리 찾아 나서는 먼 길 끝
마침내 이른 곳에 그런 건 없다고
신기루 지우고 우리 앞에 펼쳐 보이는 것은
숱한 절망과 좌절의 낭떠러지가 밀어 올린 한계령

이마 위에 머물러 쉬 녹지 않는 눈
그대 가슴 빠져나간 바람결이
저의 아픔 쓸어 주는 양
산봉우리 바위와 나무를 짚어 주는 곳

등 뒤에 꿈속에 하늘에 솟구쳐
먼 곳에서 우리 쓰러져 울거나
진창길에 굴러 눈물 떨굴 때
더욱 단단히 일어서 떠오르는 허무의 설봉雪峯

다시 열차를 타고

남도에서 피었다 지며 북으로 오르는 꽃이
서울에 미처 이르지 않은 길 지나쳐 빠르게
꽃길 밀고 가는 바람보다 더 눈부신 속도로
왔다. 서울에, 한강변 국회의사당 앞에, 우리가

저 도도히 피어나는 연초록 나무 이파리
처럼, 온 세상 물들이며 명령한다! 우리의 요구를
받들어 시행하라! 망설이지 않고, 정의의 뿌리로
이 세상 붙박혀 군림한 집단 권력의 바윗돌
파고들어가 모래알로 부숴버리니, 사라져라!

이제 이 땅 어디에도 불의의 화석이란 있을 수 없다.
너희들이 딛고 선 초석을 켜켜이 잘라 거기에
새긴다. 정의와 공정과 상식과 평범의 진리를
법을 빙자한 무소불위 안하무인 집단의 역사를
도려내고 다시 쓴다. 이 땅 뒤늦은 역사의 서막을

시작 노트

인문계 고등학교 35년 재직이 끝나고 퇴임을 맞았다. 한창 때는 주중은 밤 9시 30분까지, 때로는 11시 30분까지, 토요일은 저녁 6시까지, 일요일도 오후 2시부터 밤 9시 30분까지 학교에서 살았으니 일요일 오전만 쉬었다. 고통을 잊기 위해 그 시스템 속에 자신을 밀어 넣은 때가 있었는데, 이제는 옛날과 달리 그렇게 보내지는 않는다. 어쨌든 퇴임을 맞았으니, 매일 일상이 별것 없겠지만 땅을 걸으며 끌려다니는 무의식이라도, 날자! 날자! 날자꾸나!

이영종

연두 연두 봄 산
니체 친구 양미리
다짐이 곱슬곱슬 몰려왔어

정읍 출생.
2012년 〈전북일보〉 신춘문예 시 당선.
시집 『오늘의 눈사람이 반짝였다』.

연두 연두 봄 산

봄 산이 그를 찾아가요
연두가 길고 단단하여 말이 너풀거립니다

새로운 늘 쓰는 그림씨가 그녀에게 굴러가도록 자연스럽게 기울여 주어요 몇 뼘 간격으로 주었는지는 세지 말아요

그녀가 한 번이라도 두 귀를 심어 귀여운 공감을 피워보았느냐고 물으면 두 번 심어보았다고 말하지 말아요

잘록함과 도드라짐을 합해 둘로 나누고는 그녀에게 문제를 해결했노라 소리치지 마요 발로 요람을 흔들고 전화를 받으며 간을 보는 그녀의 촉촉한 기술을 사랑하기 전에는

봄 산이 연두 날개를 펼치고 그녀를 찾아가요
보이지도 들리지도 않아요 내려앉을 때만 소리를 냅니다

자동사가 재에 덮여있다고 그에게 뭐라 하지 말아요 홀로 있게 두어요 믿고 기다려 보면 주어가 얼굴을 발갛게 내밀

거든요

오래된 성벽으로 여행을 가요 그 앞 태자하에서 그가 쌓은 돌을 건져봐요 입이 마를 거예요 한 번에 하나씩 쌓는 것이 어떻게 성안의 온도를 지키는지 말해주려

그가 초록에 허벅지를 걸치다가 가시에 찔려 훅 달아올라요 끝에 이를수록 낭창거리는 마음 죽죽 잘라 어설피 엮고 사는 그입니다 반짝 눈감아 주어요

그가 연두를 갈아주려 봄 산에 의자를 놓습니다
그녀가 눈짓을 그어 봄 산에 초록불을 붙입니다

니체 친구 양미리

바닷물을 움켜쥐려 하지 말아요 급훈은
'큰 놈이 루저' 담임이 교탁을 쳐요
귀여운 적막으로 막을 치고 외우는 소리가 벌써
매점까지 흘러갔어요

새우가 아니라 몽상에 굶주린 듯
동해 가는 구름의 슬픈 수에 턱을 괴죠

아름다움으로 꾸민 거리를 두었으나 떨어질 비늘이
없다는 걸 깨닫고 서로 얼굴 비비며 잠에 들어요

동트기 전 밥 먹는 습관에
그물 치는 법을 운동장에서 익힌 인간에게
구멍이 난 혼은 처음으로 뜨거운 맛을 보아요
잘게 소멸해 떼거리 맛은 보여줘요

배에서 내린 속들
확 풀어져 좋아 난리예요

우리가 내는 줄도 모르고 떼창, 장난 아니네요
이빨 없으니 이빨 까는 거 아니에요

다짐이 곱슬곱슬 몰려왔어

문을 알게 되었다
받다 보니 열 수 있다
닫는 것은 못한다
그래서 돌아올 수밖에 없다 옆에 엄빠와 또래가 있지만 돌아와야 하는 건 나 자신이다
젖과 가죽과 살을 뜯기는 줄 알면서도 되돌아오는 생리
그러므로 아예 보내겠다는, 가겠다는 다짐은 말없음표

블라인드 구름이 아래를 걷어가니 가릴 곳을 가리지 못한 달이 달아나지도 못한다 돌아오지 않을 때까지 달아나겠다는 다짐은 위로라 하자
네가 잡고 있는 줄을 매고 있으려 모르는 척 풀을 뜯자는 다짐은 방정식이라 하자

바깥 모아 오는 달을 발톱에 박음질하며 옮겨갈 곳을 척, 가리킬 날을 발 꼽아 보는 다짐은 비밀이라 하자

어디에 풀밭이 있는지 안다고 다투어 문을 나서지 말기

그것은 높은 잎사귀를 먹으려는 목 긴 다짐

같이 자몽 먹고 자울자울 졸자는 다짐에 서로를 놓아먹이자

우리가 들어 올려지는 날 발견되겠다는 다짐도 없이 곱슬곱슬 밀려오는 다짐들

시작 노트

"하늘을 보는 것은 돈오頓悟요, 구름을 치우는 것은 점수漸修다"라는 말을 들었지만, 알 수 없는 나날이 지속되어 시를 놓을 수 없습니다.

이승훈

시월의 부용화

여름날

스냅 사진·1

스냅 사진·2

설악초

군산 출생.

칼럼집 『시와 그림』, 『감성의 바다』 외 3권.

시월의 부용화

서리 맞은 마당귀 한쪽
늦깎이로 피워낸 부용 하나

시들어버린 꽃 세상 위로
같은 물관부로 자란 잎사귀마저
낡은 옷가지로 너덜거린 행색
버젓이 선 이 아침

먼저 떠난 이들
맑은 미소로 비춘 붉은 넋이
고향 골목을 뛰어다닌 기억을
온몸으로 타종하는가?

초로를 한참 넘기고 객지에서 날 맞추어
술잔이 돌다가 멈춘 이야기
백세시대에 당뇨와 혈압과 치매를
주름 가득 머금은 말
〉

홀로 가야 하는 마지막 꽃
늦은 계절에 발길 옮긴다.

여름날
—친구 부음

신작로 가로수
여름 붉은 내음 홍건하다
기별이라고 보내온 오랜만 소식
친구의 부의 통지라니
잊고 살았던 이름
배롱나무 가지 끝마다
눈자위 붉어 터진다
허공이 미우라고 구름 왈칵 덮는데
늦은 뻐꾸기가 변명하느라
훌쩍이며 언덕을 넘는다
항암치료가 잘 듣는다며
냉이꽃처럼 반갑던 그해 봄
내 가슴이 작아서 훈김을 잊은 채
가는 이의 인사를 담지 못하고
신작로는 말없이 먼 길을 잇고
막힘이 없는 가로수에
바람도 답답하여 멈추다니.

스냅 사진·1

삶은 미끈거리는 점액질이다
잡은 듯 놓쳐 버리는 순간
저녁 땅거미는 부엌 아궁이 속으로
멈춤 없이 던져지곤
남아있는 것은 버려진 기억
환자복으로 갈아입고
수액을 매단 순간
회상으로 가는 파도이다
손 잡히지 않는 거품을 만지고
눈물이 다시 바닷물이 되고
달빛이 깨어져 진주를 이룬다.
현기증으로 이국에 내린 것인지
그 높은 언덕 위라 할지라도
꿈속, 자주 머무르는
단잠이 아쉬운 지금

스냅 사진·2

안개 속을 지나는 기차 쇠바퀴
정체 모르는 속 지나는 마스크 쓴 나
한세월 보내는 동기동창
터널 지나듯 격리 기간 생활
세상을 잠깐 등 돌려보니
서글프지 않은 풍경이 되어
함박눈에 젖어 보는 시절이었다
오래도록 빛이 바랜 앨범 한쪽에
눈알만 깜박이는 시간
직진에서 탈주해보는
애틋한 삶의 정자亭子

설악초

염천 하늘 아래 어머니 정원
흰 눈은 벌써 내렸다
팔순 넘은 항아리는 옆구리부터 터져
가슴속 한이 깊어서 구천에서 떠돌아

피땀은 무명옷 젖고
세월이 구부러졌다
맨발로 빈손으로 돌밭 헤매더니
쓰디쓴 고개 너머 강물은 흐릿하여

멍석에서 수제비 밀가루 쳐대 보면
모깃불은 속눈물 녹여내던 마당
씁쓸하고 고요한 달빛 두어 되가웃 서린
허연 비녀 머리 살아생전 그 모습

시작 노트

계절이 바뀌면 아름다움이 파노라마로 펼쳐지긴 하는데 나이는 숙명처럼 외롭고 서글프고 그립다.

떠난 사람을 그리워하며 한편으로 또 어디로 가야 하는 길인 것을.

이세영

즐문

쓸쓸한 골목

필사와 표절 사이

고양이 전

수화

2015년 ≪문예연구≫로 등단.

즐문櫛文

시골집 꽃밭에서 수선화 한 뿌리 캐고
모퉁이에서 안고 온 꽃단지 둘레둘레 닦는데
대야에 앉혀 씻기고 머리 빗겨주던 어머니
굽은 손으로 한세월 그은 무늬 군데군데 새겨 있다
꽃을 얹고 무덤에 흙 채우듯 다독이는데
고운 햇살 가린 구름이 소나기를 뿌리고 간다

쓸쓸한 골목

신태인 우령리 옛 정미소 골목
담벼락 지날 때마다 쓸쓸하다고
꽃도 그리고 시도 써놓으면 좋겠다고

누나 시 한 편 보내주세요
새로 이장 맡은 일권이 전화다
동네 무슨 문화사업이라나
이왕이면 고향 이야기가 좋을 듯싶어

팔아넘긴 옛집에는 이제 엄마는 없고
고구마순도 없고 호박넝쿨도 없다네
이렇게 쓸쓸한 시를 붙이고 나니
쓸쓸하던 골목이 더 쓸쓸해졌다

꽃도 피지 않고 시도 살지 않는
그 집 생각하면 쓸쓸해지기만 하니
골목에 멈춘 사람들 마음은 어떨까

필사와 표절 사이

시를 새로 시작해야겠다
필사하자, 필사적으로

시작詩作은 시작始作이 반이라고
쓰지 않은 시가 벌써 들어온 것처럼 뿌듯한데

하늘이 주는 말을 기다려 적어야겠다, 이 심보는
연필도 들지 않고 의무감으로 침 발라 놓은 말이라고

받아쓰는 동안 잊힌 말이 돌아오고
붙잡은 말을 수술대로 옮겨 뼈를 바르는 동안
멈춘 호흡이 살아나고 새살이 돋아나리라,
우려먹을 대로 우려먹은 주문을 되뇌고 살았다

시가 되지 않는 날은 자꾸 꿈만 꾸고
몇 마디 꿈자리에 흘린 신음 같은 낱말이
형체를 알 수 없이 부서질 때마다
마디마디 수습하고 싶어 마음만 조급해진다

〉

훔칠까, 컴퓨터 화면에 걸린 시구 한 조각
손가락으로 가볍게 클릭 한 번이면 되는데
선택의 갈림길에서는 그럴 듯한 핑계가 필요하다
내 말이 아닌 것을 내 말로 쓰는 것이 창작이라고

반쯤 열어놓은 문으로 귀신같이 찾아오는 유혹을
필사와 표절로 바꿔 읽으며 앉아 있다

고양이 전煎

어디일까 여기는
잠깐 정신을 놓았는지

아무것도 들리지 않아
귀를 만지려 해도
아무것도 보이지 않아
눈을 비비려 해도

바퀴에 튕겨
활처럼 휘어졌다가 떨어지는 순간
귀까지 흘러내린 새끼의 눈동자와
허공을 휘젓던 어미의 꼬리가
엉겨 붙었다

잡지 못한 비명을 따라간 발이
새끼 이름 허공에 뿌리고
기억의 끝에 걸려 허우적대던
몸은 점점 가벼워진다

〉

수많은 바퀴가 뒤집고 누르는 동안
아스팔트에 눌어붙은 새끼와 어미는
더 납작 엎드려 바닥을 기다가
바닥이 된다

수화

큰바람에 떨어진 플라타너스 어린잎
저녁으로 심란하여 창문을 열었더니
홑이불 들썩거리며 까불대는 꼬막손

시작 노트

일 년 후에나 받아볼 수 있다는
느린 우체통에,

손바닥만 한 엽서를 넣는다면
손바닥만 한 이야기만 적을 테다.

고이 품고 사는 말 오므려 보내는 일은
더할 것도 뺄 것도 없는 소중한 고백이니,

기다리는 동안
사랑은 깊어지리라.

이강길

하얀 목마

어떤 골목

그날·3

길 위의 세 가족

12월이 되면

전북 임실 출생.

2010년 ≪문학광장≫ 신인문학상 수상.

시집 『야생으로 돌아간 고양이』.

서울시지하철 안전문게시용 시민창작시공모전 당선.

전북작가회의 회원.

하얀 목마

은하수 눈부시게 쏟아지는 이 밤, 당신을 향해 오솔길 하나 내겠습니다. 그 길을 자박자박 걸어 오시옵소서. 지난여름 목 놓아 울다간 매미들의 공동묘지를 지나오시옵소서! 코스모스 금방이라도 날아오를 것 같은 들판을 가로질러 오시옵소서! 오는 길에 밤늦도록 찬이슬에 뒷다리가 젖는 방아깨비에게 문안하고 오시옵소서! 그러다 밤이 깊으면 졸음에 겨운 하얀목마를 깨워서 타고 오시옵소서! 구급차가 사이렌을 울리며 급히 산부인과를 떠나는 밤, 당신을 위해 나의 오래된 창을 열겠습니다. 그러니 이 밤에, 이 밤에 오시옵소서!

어떤 골목

숨을 내쉴 때마다 마스크가 들썩거린다
답답하고 고단한 일상이
또 다른 일상이 돼 버린지 오래,

도시 한복판 은행나무가 생을 내려놓는 밤,
재잘거리다 출렁거리다 털썩 주저앉는다
자동차들이 지날 때마다 납작 짓이겨진다

하나님도 눈을 질끈 감아버린 그날,
거대한 짓눌림 앞에서의 몸부림
슬픔은 좁은 골목의 벽을 좀체 넘지 못한다

이리저리 뒹굴다 쓰러져
불태워지는 노란 잎새들 앞에서 뒤늦게
고개를 떨구는 영혼 없는 사람들
마지못해 시든 국화꽃 한 송이 내려놓는다

아직 계절을 건너지 못한 철새들,

경사 45도의 골목길 입구를 서성거리는데
베스킨라빈스 옆 스타벅스커피숍에 불이 켜진다

그날 · 3

회사를 36년쯤 다닐 무렵, 아내와 퇴직기념 여행을 갔다. 통영에서 첫배를 타고 욕지도에 내렸다. 모노레일을 타는 것에 잔뜩 기대가 부풀었는데 이게 웬일, 몇 달 전 사고수습 때문에 발이 묶여 있었다. 이럴 줄 알았으면 차를 갖고 와 해안도로 드라이브나 할 걸 하는 후회가 뒤늦게 밀려들었다. 그러다 점심때가 돼 지역특산품이라는 과메기를 먹을까 생각했지만 속이 울렁거려 그만두었다. 잠시 안개구름이 머물다 간 뒤 우리는 그냥 전망 좋은 언덕에 올라 풍경을 즐기기로 했다. 빨간 등대 앞에 아내의 둥근 얼굴이 클로즈업되었다. 순간, 30년 넘게 함께해준 아내에게 고맙다는 말을 건넬까 하는 생각이 들었지만 그러질 못했다. 서로에게 풍경이 되어주듯 그저 한참 동안 바라보기만 했다.

길 위의 세 가족

맨 아래층엔 친절한 이정표 씨가 살고

2층엔 빈틈없고 부지런한 사색四色 신호등 아저씨,

맨 위층엔 뭔가를 늘 잔뜩 노려보는 무인 카메라 꼰대가 산다

때로는 장대높이뛰기 선수처럼 솟구쳐 넘고 싶을 때가 있다

12월이 되면

첫눈이 올 거라는 생각이 점점 더 잦아들 무렵
어디론가 떠나야 한다는 강박관념이 고개를 쳐든다.

등 떠밀리듯 플랫폼을 빠져나온 열차,
밤새 뒤척거리다 겨우 잠이 든 사내를
인제麟蹄 자작나무숲 입구에 내려놓는다.
그간 적적했을 숲이 다소 소란스럽더니
첫눈이 불쑥 찾아들 것 같은 분위기에 들뜬다.
이런 날엔 뜬금없이 제주 앞바다 은갈치 떼가
슬며시 찾아들 것도 같고, 눈발이
자작나무 하얀 속살에 몸을 포개듯 내릴 것도 같다.
그러면 그간 적적했을 언덕 위 하얀 풍차가
시린 등을 쓸어내리며 나타날 것 같다.

점심때 진부령 황태구이집에서 마신 막걸리
몇 잔의 취기가 점차 번져나간 후
한 사내가 백담사 마루 한쪽에 걸터앉아
발레리나가 미끄러지듯 산을 내려온 햇살에 아직
생의 모퉁이를 돌지 못한 기억들을 꺼내 말리고 있다.

시작메모

35개월 동안의 군 복무를 용산 삼각지에 위치한 국방부에서 했다. 어쩌다 외박을 나올 때면 부대원들이랑 삼각지 주변 튀김집에서 술을 마시던 기억이 아직도 아련하다. 국방부 위병소를 지나 국방부 본부 청사, 육군회관, 그 뒤편 내무반 건물로 이어지는 동선을 숱하게 오가던 시절이 있었다.

그런데 2022년 어느 날, 군대도 안 갔다 온 사람이 군 최고 지휘부인 그곳을 점령군처럼 접수해 버렸다. 그리고 애 한 번 안 나본 그의 배우자는 어떤 영화배우처럼 천연덕스럽게 아이를 보듬는다. 이런 모습들이 참으로 역겹고 부자연스럽게 다가온다. 그들의 출신과정을 탓할 마음도 없고, 그래서도 안 된다. 다만, 국민의 뜻을 겸손히 받들고, 국민을 따뜻하게 보듬고, 꿈과 비전을 제시하는 리더쉽을 보여줬으면 좋겠다. 그런데 현실은 거리가 너무 멀다. 무능력, 독선, 오만, 위선, 부도덕이 가득하다. 앞으로 견뎌야 할 시간들을 생각하면 막막해진다. 주변 정세는 제주 둘레길 촛대바위 앞 낭떠러지처럼 위태롭고, 생의 모퉁이를 도는 국민들의 발걸음들은 여전히 힘겨웁다. 이 인고의 시간들을 건너는 여정에 붉디붉은 동백꽃이라도 툭 터졌으면 좋겠다.

박윤근

줄, 줄이

빵 위에 쓰는 편지

문

부안 출생.
≪문예바다≫로 등단.
수주문학상, 시흥문학상 수상.
시집 『그러나 너무 늦지 않게』.
〈아시아투데이〉 호남본부 부국장.

줄, 줄이

말아지나 봐 휘어지나 봐
접어야 세워지나 봐

바람이 줄을 긋고 있어
나무를 흔들고 있어 줄, 줄이

그들은 언제부터 휘었을까
휘어 다시 휘는 바람처럼
휘다 보면 꼬이는 걸까
맥없이 말린 잎처럼
술에 꼬인 속처럼

혹시 바람의 바코드를 찍은 거니
어디까지 말린 거니
빙하기
그곳은 바람이 바람을 세운다지
얼음벽이 흔하다지

얼음벽은 꼬인 줄도 모른다지
투명을 외친다지

빵 위에 쓰는 편지

그가 빵을 굽다 마룻바닥 새소리에 흩어진 빵조각들을 쓸어 담으며 엎드려 꾹꾹 눌러 편지를 쓰고 있다 여름 한낮이었다

다시,
그가 흩어진 새소리에 여름 한낮의 빵을 굽다가 하늘빛 수국을 편지지 안에 그리고 있다

다시,
그가 빵을 먹으며 TV 속 야구를 보다가 수학자 페르마*처럼 하늘빛 물감이 넘쳐흐르는 여름 담장의 그림 속을 빠져나갔다

다시,
사뭇 차가운 이곳 공기는 다르다고 누가 말했다 페르마 그의 그을린 얼굴이 허공과 맞닿아 있다

〉

* 수학자로 디오판토스의 『산술』이라는 책 여백에 “페르마의 마지막 정리의 감탄할 만한 증명 방법을 발견했지만, 여백이 너무 좁아서 여기에 쓸 수는 없다.”고 적었다.

문

최초의
숨,

모양을 갖추는 동안

열기 위해 발버둥친다

숨,
구멍,
어둠을 채우면 동굴
동굴은 끝없이 퍼지려 한다

날개가 날개를
접어

문,
〉

모든 문은
최후의
벽,

시작 노트

입을 닫고 있는 침묵이 긍정인지 부정인지 알아보기 위해 침묵의 아가리를 벌리고 억지로 말을 시키면 그 진위는 더 혼란에 빠진다. 그럴 때는 그냥 침묵의 표정을 읽는 것이 좋다. 침묵은 이미 언어를 떠난 표정이기 때문이다.

문상붕

금강에서

저 굴뚝새 작은 눈망울

내 마음

맺돌

공화국에서

전북 김제 출생.

산문집 『어때요, 오늘 이 음악』.

전 정읍고 교장.

금강에서

태양의 아들이기를 바랐으나
달의 아들이었다
그림자 없는 그늘만 골라 다녔다

가끔 피리 부는 사나이들이 맑은 소리를 건너고 있었다
귀를 막았다 기다림은 긴 그림자를 드리웠다
숨기에 구름은 꽤 훌륭한 은신처
초롱초롱한 불면의 밤이면
혼자서 별의 이름을 지었고 모든 별자리의 이름을 외웠다

은하수는 늘 까마귀 차지였다
악어처럼 입을 벌리고 있는 은하수
풀뿌리 하나 없는
흙먼지 풀풀 건기가 되면
누우 떼처럼 한꺼번에 별들이 뛰어들기 시작했다
별들의 발굽에 금세 물이 흐려졌지만 이내 다시 잔잔해지고
즐비한 별들의 시체가 떠내려가고 있었다

〉

더러

바람이 숨어 사는 언덕에는

목 꺾인 억새들이 드러난 뿌리에 뿌리를 얹어 서로 다독이며 울먹였다

멀찍이 바라보는 마을엔 등불 하나둘 흔들리다 꺼지고

갑자기 무거운 빗장을 열고 싶어졌다

과거는 늘 전생이 궁금했기에 귀를 열었다

쏟아지는 바람 소리에

애장터에서 아기울음들이 칡넝쿨을 잡고 올라왔다.

날개가 사라진 겨드랑이 환상통에 오록거리는데

골짜기마다 고인 칭얼거림이 자장가처럼 안개를 불렀다

탯줄을 자른 갈대는

목에 들어온 칼날 같았다

인연이라니

얼레에 감겨 있는 실은
엉켜있었다
날아오르지 못하는 연, 단칼이 필요하다

저 굴뚝새 작은 눈망울

저 굴뚝새
탱자나무 저 빽빽한 가시울을
넘나들며 노는 저 굴뚝새
가슴 콩닥거리며 노는

가시철조망 속
저 팔레스타인 소년의 어린 눈망울

내 마음

내 마음
꾀 할딱 벗고 마르리
개구락지처럼
머리 내장 다 긁어내고
빼빼 마르리
철사에 꿰인 영혼
투명한 하늘 자지러지는 저 매미소리와 함께 날으리

내 마음
두 눈 똑바로 뜨리
싸리꼬쟁이 꿰어
널어놓으리
진부마루 황태처럼
덕장 더덕더덕 더덕북어
소리 지르리
효수당한 하늘 우러러
아가미의 마지막 숨마저 날려 보내고
온종일 입 벌려

동해 검푸른 바다 물어뜯으리

내 마음
투레질에 지친 하루 보내리
사막 같은 기다림에
하염없기로는 낙타만 하랴
무릎 꿇은 저녁나절에
무거운 고삐 늘이고
푸우 푸우 한숨만 되새김질 할까
지평선에 뜬 별싸라기 핥으며
땅만 발굽으로 파헤칠까
눈썹에 어린 붉은 초승달 밤새워 바라보리

맷돌

쾌~지~나~ 칭~칭~
외로움에 떠는 내 손길보다
외로워하는 네 손길이 그리워

쾌~지나~ 칭칭~
내 몸보다는
외로워하는 네 몸이 안쓰러워
한평생 서로 어긋나도
항상 제자리인 속궁합

쾌지나 칭칭~
뼈와 살이 마구 닳아도
반질반질 윤이 나는 살림처럼
몸이 부서져라 돌아도
그리움의 새하얀 골수가 흘러내려도
그래도 좋아 홍 홍 흐잉

쾌지나 칭칭

지지고 볶고 굴러도
항상 돌 같은 미소
곰보딱지 같은 얼굴이라도
서로 기대고

쾌지나 칭칭
껍질 가려 뱉어내고 암
쾌지나 칭칭
알토란 같은 알곡만 몸으로 몸으로 으깨어
수제비도 수수찰떡도 만들지 암
쾌지나 칭칭
웃자란 쑥잎 으깨어 보리개떡도 만들지

쾌지나 칭칭
음 음
쾌지나 칭칭 암암
음은 음대로 입술방아나
찧어헤에

〉

쾌지나 칭칭 쾌지나 칭칭
양양 양양
양은 양대로 연자방아나
돌려헤에

음 ~

양 ~
음 ~

양 ~
무뚝뚝한 그대 펄펄 끓는 구들장 지고
눈 꺼먹꺼먹 밤에는
디딜방아나 찧어헤에

쾌지나칭칭 쾌지나칭칭
팔팔 끓는

순두부국이나 끓여헤에
지친 술독 훌훌 푸는
미음이나 쑤어헤에

쾌칭 쾌칭 쾌칭 쾌칭
이 풍진 세월이지만 주야장창
연자방아나 돌려나헤에

공화국에서

공식적으로는 노예제는 사라졌다
공식적으로는 신분제도가 없어졌다

신화처럼
아파트와 오피스가 밤과 낮을 나눠 지배할 뿐이다
아침마다 뱉어내고 저녁마다 뱉어내고

사람들은
의례적으로
명함을 주고받으며
의례적으로
목례를 하며
의례적으로
엘리베이터 숫자를 바라보는
당연히 휴대폰만 보는

숫자에만 모이는 시선들
〉

언제 밥 한 번 먹지
입술이 재빨리 혀를 감추고

언제 술 한 잔 하지
손이 재빨리 악수를 거두고 돌아서는

공화국

호객하는 노래방 풍선의 손짓들이
지하에서부터 악쓰는 소리 끌어 올리고

참 외로울 수도 있겠다
창백한 24시 편의점 불빛들이
채 익지 않은 컵라면이 불어터지고 있다.

시작 노트

아내는 늘 나에게 말씀하신다. '나종' 문상봉 선생. 혹은 '대충' 문상봉 선생. 게으른데다 눈은 높고 손은 똥손이니 무슨 일을 할 때마다 마음이 바쁘고 서두르다 여기저기 생채기가 난다. 천성이다. 천성이 육십을 끌어왔고 또 끌고 갈 것이다. 이 또한 운명이라 하면 거창한가? 돈 안 되는 시를 쓰느라 굽은 어깨로 자판을 두들기는 새벽. 나처럼 누군가는, 청소부들은 지난밤 취해 쓰러진 별들을 쓸어 담기 위해 리어카를 끌어야겠지.

도혜숙

부르주아 그녀
헛헛
슈바빙
춘장대 청년
아무

2001년 ≪한국시≫로 등단.
시산맥상 수상.
시집 『고요를 끓이다』.

부르주아 그녀

스무 살 대학 뒷마을 자취방에 살았어요
오이와 고추와 라면으로 한 끼를 때우고
커피와 에이스로 점심을 먹어도 충만했지요
인문대 잔디밭에 풍물소리와 탁발식이 자주 열리고
막걸리를 들이킨 기타소리가 밀물처럼 파고들었지요
농대 앞 목련이 허무하게 지고 5월이 쳐들어왔어요
최루탄이 벚꽃처럼 터지고
우리는 자주 울면서 뛰어다니는 날이 많았지요
공부는 하기 싫고 세상이, 최루탄이, 사람이 무서워
나는 꽁꽁 비겁을 둘러쓰고 방 안에 숨어 있었어요
돈이 떨어지고 아무리 허기져도 배고프다 말하지 않았지요
데모하다 내 자취방에 숨어든 희정이는
11월보다 목쉰 소리로 프롤레타리아 세상을 주창했지만
나는 밤새 틀어놓은 해바라기 노래가 백배 더 좋았지요
자취방 문고리에 안개꽃 다발이 피어나고
한바탕 초록비가 다녀가더니,
인문대와 사대 사이 붉은 장미들이 6월을 터트렸어요
장미 향에 취해 걷던 어느 날 교문 앞 레코드 가게에서

'One man's dream'이 흘러나오고 있었어요.
순간 주머니에 야니yanni의 음반을 살 수 있는 돈만 있다면
세상에서 가장 행복할 것 같았지요

그 후로 오랫동안 나는 세상을, 사람을 너무 몰라 그냥 묵묵히
무례와 무참조차 두려워서 견디어야만 했어요
내가 가장 잘하는 것은 숨도 안 쉬고 아무것도 아닌 나를
황홀한 슬픔의 질료로 쓰는 일,
슬픔에 몸을 맡기고 슬픔을 입고 슬픔을 뜨겁게 먹는 일이지요
그냥 가만히, 가만히 그렇게

쉰다섯이 된 오늘, Felista*를 들어요
눈이 마구 젖어오네요. 행복하네요

* 야니yanni의 앨범수록곡 중의 하나로 자신의 어머니Felista를 위해 만든 곡.

헛헛

며칠 전 계단에서 넘어진 오른쪽 엉덩이가 푹 패어 있다
한쪽 보랏빛 골이 깊게 패인 엉덩이는 비대칭이 뚜렷하다
갱년기 지난 피부는 회복탄력성 부재라고 한다

잘 모르는 누군가의 송별식장에 갔다
그저 한 조직에 속한 이유로
함께 아쉬움의 밥을 먹고 덕담을 건넸다
볼이 아프게 웃으며 승진축하 인사를 했다
멋진 분이라고 추켜세웠다
잘 알지도 못하면서, 이 말 저 말 당신이,
네가 그분이 저분이 해대는 말들에 둘러싸여
나도 붕붕 혀를 놀렸다

집으로 오는 길 자동차 불빛들 가로등이
모두 붉은 눈물처럼 흐물거리며 출렁인다
한 끼의 허드렛말 빈말들이 뿜어낸
빛들이 산란하고 있다
〉

버릴 수 없는 참담과 비굴과 자존이 붕괴된 자리
그 바닥에 누워 하늘을 본다
우수雨水를 데려온 겨울과 봄 사이 비가 내린다
거짓말처럼 살살, 토닥토닥, 주룩주룩

스물 몇 살 혜은이의 '새벽 비'가 내린다

슈바빙Schwabing*

빚을 얻어 나무들이 많은 집터를 덜컥 샀다
집주인이 20년간 무작정 나무를 심었다고 한다
부동산 지인들이 축사 동네는 투자가치 제로라며
나를 말렸다 제로라는 완벽함과 아무도 거들떠보지
않는 땅이라니, 얼마나 근사한가.
날씨가 흐린 날엔 축사 냄새가 코끝에 어룽거렸지만
맑은 날엔 나무향기가 더 진실했다. 나는 기존의
헌 집들을 허물고 열두 평 서양식 움막을 가져다 놓았다
그럴싸하게 붉고 아이보리한 어닝을 달고 '슈바빙'이라
명명해놓았다. 내 정신의 애인인 헤르만 헤세와 괴테와
전혜린을 오마주하고 싶어서다. 치기와 열정으로 단단하게
시간을 문신한 돌도 몇 개 박아 놓았다.
최근 뒷목이 자꾸 당기고 어금니가 빠지고 편도체가 욱신
거린다
레테의 강물이 해마와 전두엽을 범람하거나
일터에서 119에 실려가기도 했다.
하여, 나는 더 늦기 전에 은신처를 마련해야 했다.
이곳이라면 세상의 모든 음악을 틀어놓고 첫사랑 야니와

앙드레 가뇽과

유끼그라모또와 얼마든지 삶과 작별해도 좋으리
슈바빙과의 첫날밤, 피아노 선율을 타고 희고 탐스런
함박눈이 넓은 마당 가득 독일식으로 쌓여갔다

아무도 생각나지 않았다

* 슈바빙:독일 뮌헨 거리 이름, 전혜린, 헤르만 헤세 등 당시 예술문인들의 활동 공간.

춘장대 청년

주말 춘장대 해변 입구 쪽 한 청년이 군밤을 팔고 있다
행인들이 드물게 지나가고
나는 입구에 앉아 일행을 기다리기로 했다
청년은 호객행위 대신 저무는 바다를 보고 있다
바다 좌판에 걸린 갈매기나 석양, 파도소리를 고르는 표정이다
한 봉지 오천 원, 나는 군밤 네 봉지를 샀다
하루에 얼마나 파세요? 되는대로 팔아요
십만 원 어치 팔 때도 있고 오만 원이 안 될 때도 있어요,
군밤을 싸는 봉지에 모래기침이 서걱인다
종일 파는데 그거밖에 못 파나 보네요 했더니,
따로 휴가 갈 필요 없이 바다도 실컷 보고 갈매기랑도 놀 수 있잖아요
우크라이나나 러시아에 안 태어난 것도 어디에요
돈도 벌고 힘든 일 아니고 좋아요 웃는다
청년의 미소가 해일처럼 나를 덮쳐 왔다

청년은 집이 있을까? 전세일까 월세일까? 애인은? 아이는?

저렇게 군밤을 팔아 한 달 수입은 얼마나 될까?
저축은 할 수 있을까? 고작 이런 생각밖에 하지 못한
나는 주머니에 돌을 넣고 바다에 들어가는 대신
군밤 두 봉지를 더 샀다.

돌아오는 길, 서울 취업전쟁터에서 생존을 위해
5평 원룸 막사에 갇혀있는 딸애에게
잠시 바다를 찾아 갈매기랑 놀고
군밤도 넉넉히 살 수 있는 돈을 송금했다

내가 사는 아파트 시세가 한참 1억이 넘게 올랐었다
누군가가 내게 작년에 팔았어야지 한다

아무

바다에 핀 소나무 섬까지
썰물 따라 길이 열리고 있다
짙은 눈썹 드리운 섬
나지막이 저녁을 부른다

누가 벗어 놓았을까
빈 배 두 척 상심에 젖어 있다

달의 손가락이
여섯 번 시침을 누른다
물오른 바다, 검은 머리 풀어
섬으로 간 물길 지운다

당신이, 보이지 않는다

시작 노트

어느 순간 잠시 행복할 때 나는 안다.
시간이 잠시 채찍의 태엽을 감고 있다는 걸.

벽은 여전히 벽이고,
내 말은 끝내 저 벽을 넘지 못한다는 것도,

그렇게 송곳 같은 시간 속에 서 있었다.

다시 봄이다.

김인숙

외줄

입동

정와靜窩

크레바스

전북 정읍 출생.

2011년 ≪문예연구≫로 등단.

외줄

거꾸로 매달린 미소가 아슬아슬하다
공중제비로 날 때
외줄의 묘기가 숨죽일 때
탄성이 벌판의 바람을 타고 잠시
사람들의 무료에 금을 낸다

반짝반짝 메뚜기 날개는
엉치 푸른 점이 사라지기 전부터 날았을까
편자처럼 몸을 뒤로 젖혀 거꾸로 보는 세상은
고비의 별이 쏟아지고
초원을 달리는 말발굽 소리 들릴까

줄 없이 오르내리는 5층 임대아파트
그 하늘에도 흐릿한 별 몇 개 떠 있다
관객이 없어 공친 하루의 가장자리에서
소주 몇 잔으로 채운 밤
취하지 않은 별들이 마두금을 켜다가
하나둘 잠들곤 한다

〉

상강도 지난 지 오래,
삼천포 해변 유람선이 동면에 들면
게르는 날개를 접고 초지를 찾아 떠날 것이다
유목의 습관이 혈관에 흐르고 있는 메뚜기도,
5층 곡예사도, 내일로 건너는 외줄 위를
아슬아슬 걸어야 한다

입동

소리가 샌다
생각 잃은 소리 툭툭
낙엽처럼 흩어진다

무성했던 미루나무 참새들
큰소리로 짹짹이던 참새는
벌레를 많이 잡았을까
배회하던 참새는 소리 내는 법을 배웠을까

한때 목청을 높인 적 있다
먹히지 않으려고
더 먹으려고 고래고래
핏대를 세운 적 있다

흩어졌던 소리 귀에 들어온다
바람에 구멍 난 내게
깜빡깜빡 헛발질하는 내가
꾸짖는 듯, 한숨인 듯 중얼거린다

〉

겨울로 가는 먼 숲
어둠 속 몸짓이 마른 바람으로 분다
세상이 왜 이리 춥냐,
나는 왜 이렇게 어둡냐, 웅얼웅얼
말이 되지 못한 바람의 혼잣말에
우수수 미루나무 떨고 있다

정와靜窩*

선운사 만세루 지나 도솔천 옆
귀틀집 지붕에 구름 한 조각 졸고 있습니다

동백숲 붉히는 새소리
검은 바위 휘감아 도는 물소리가
귀틀집의 고요를 고요하게 합니다

도솔암 부처님께 빌러 가는 길
내 속만 시끌사끌합니다
내뱉는 한숨 소리에
동백 한 송이 툭,
초록빛 고요에 금이 가고
도솔산 너머 뻐꾹새
무얼 들켰는지 자꾸 딸꾹거립니다

툭, 꽃 지는 소리
뻐꾹, 뻐꾹새 소리
봄볕 댓돌 위 스님의 흰 고무신 마르는 소리

내 귀에만 들리지 않습니다

숨 고르고
눈꺼풀 가만가만 여닫으며
가던 길 다시 걷습니다
동백숲 동박새 소리 도솔천 물소리
내 안 소란합니다 아직
도솔암 멀었고요

* '조용한 귀틀집'이라는 뜻의 선운사 당우.

크레바스

삶은 달걀을 까다가 한 사내를 생각한다 오래 전
외롭고 가난한 젊은 시인이 만났다던 축 처진 어깨
천안역 지나 어느 역에 내렸다던 사내
기차에서 달걀 껍데기에 손끝이 찔려 목이 멨다던 그 사내는
세상에 밀려 내려간 고향에서 다시 새처럼 날아올랐을까
삶의 문장 위에 또 한 번 방점을 찍었을까

무 자르듯 세상의 구조를 조정하는 세상
목덜미를 훑고 지나가는 서늘한 바람이
한 사람의 삶 가운데에 크레바스를 만들기도 하지
그것은 우리를 매너리즘의 세계에서 밀쳐내는
차갑고 신선한 낭떠러지
발자국을 세어보는 건 항상 분노 후의 일이다

마이너스 통장에 저당 잡힌 시간과
전쟁 같던 날들에 마침표가 찍혔다
톱니바퀴의 시간이 해체되어

헐렁한 바짓가랑이에서 숨죽이고 있다
짧아지는 그림자 아래 침묵이 길게 누워있는 아침 겸 점심
밥상에 오래전 낙향하던 그 사내를 불러와 겸상한다
경계 밖에서 마주한 두 사람 말이 없다
목이 메는 건 삶은 달걀 때문이다

시작 노트

어디쯤 서 있는지
가고 있는 길이 맞는 길인지
두리번거릴 때,
가끔은
가까스로 낳은 남루한 시 한 줄이
손을 잡아끌 때가 있습니다.

기명숙

전남 목포 출생.
2006년 〈전북일보〉 신춘문예 당선.
시집 『몸 밖의 안부를 묻다』.

타라

캘커타 인디아 박물관에 여자부처가 산다

누천년의 바람에 검은 숲이 흔들리듯 그녀, 마스카라 속눈썹이 녹슨 침묵을 깨며 뒤척일 때가 있다 태생의 지문을 찍듯 가슴에 손바닥을 대 본다 심장과 겹칠 듯 굽이치는 격랑, 짙은 연향蓮香에 들썩 반질거리는 청동의 살갗에 언뜻 비친 내가 휘청거리고 타라가 떨어뜨린 안광, 수만 볼트 전류가 흐른다 붉은 빛깔 설렘이, 통증의 몸살이 순례를 재촉한 건 아니지 해독되지 않는 불가해한 기억들이 부처의 치맛자락에 새겨있다 당신의 교신음 옆구리쯤 흘러왔는지 가슴 속까지 파고들어 사지가 고요히 풀린다 캘커타 밤공기는 깃털을 달고 내 몸에 뿌리를 내린다

오래된 책

불우한 내력, 늘 그러듯 퇴짜 맞는 기분은 부음訃音 같아요 저울에 달아 몇 킬로그램의 눈금으로 읽히니 방안은 커다란 수거함입니다 낮은 천정과 전투적이지 못해서 미안한 표정, 담뱃가루처럼 누렇구요 책벌레는 무사한가요? 유서의 감정이 웅달로 몰려들어요 혹한이 몰아치고 폐지는 똥값입니다 밀서는 도착하지 않았습니다 꿈인 듯 생시인 듯 볕이 들면 아랫도리를 벗어젖힌 창과 연애나 할까! 야옹, 고양이가 노동자처럼 밥그릇을 핥을 때 꾹꾹 눌러 세로쓰기 합니다

__1945년생 직업 구함, 무슨 일이든 할 수 있음

섬

아버지랑 단둘이 살던 중학교 관사, 에워싼 등나무넝쿨은 검은 짐승 같았다 수돗가엔 열댓 살 야물지 못한 분꽃이 피다말다 했다 촌놈들 호기심 달아올라 견디다 못한 돌멩이들로 유리창이 깨졌고 그 소리 구렁이처럼 등나무를 타고 올랐다 관사에 갇힌 시간들 혓바늘 돋고 고열에 시달렸다 아버지가 내는 시험문제 곁눈질도 안 하고 종말론만 읽었다 장티푸스를 앓아 분꽃 이파리 툭툭 떨어졌다 뼛속까지 혼자인 시절, 두려움을 베낀 공포소설 구절들 유령처럼 떠다녔다

도서관

멧돼지를 씹어 삼키는 강한 아래턱이라야 활자의 맛을 볼 수 있다 글자 하나를 이해하는데 수천 그루의 잎맥을 독해하듯 송곳니 박고 말의 뿌리를 흡혈하고 있다

맹목의 소용돌이
과녁이 빗나간 신념
늙어가는 비유들이 어슬렁거리는 시간을 지나면 입 안 가득 활자의 새잎이 돋아날 터이다

식은 커피

커피 한 잔을 놓고 오랫동안 앉아 있다 어둑해진 시간을 볶아 넣고 풍경의 단조로움 녹아든 커피는 씁쓸하다 폭설이 내리고 비바람이 무섭게 창을 때릴 때 혹은 라일락향이 문틈으로 뻗어 와 가슴팍에 사무치는 날, 에로티즘에 전 나는 폭풍 같은 사랑을 하고 시를 낳는다 내 언어는 무녀리 같은 새끼를 낳고 미역국 대신 떫고 쓴 커피를 마신다 어쩌면 언어의 자궁 속 망설임의 조건과 불안의 꼬리를 자르는지도! 흘깃흘깃 눈초리 울창해지는 가운데 문장들은 태어나고 죽을 운명처럼 몇 개 울음은 탯줄을 끊기 전 소거되기도 아까부터 커피는 식어 있고 로스터 안쪽 볶아지길 기대하는 생두처럼 입적을 기다리는 몇 점의 혈血, 홀랑한 제 어미의 젖을 맹렬하게 빤다

시작 노트

끝나지 않은 겨울과 오고 있는 봄, 역설의 창에서 궤변론자처럼 앉아 있다. 울창해지기를 바라는 마음이 탐욕이 아니기를.

김유석

넙치

그리운 옛집

김제 출생.
〈전북일보〉, 〈서울신문〉, 〈조선일보〉 신춘문예 당선. 시집 『붉음이 제 몸을 휜다』 외.

넙치

감정부터 버려야 한다. 물속 같은 세상

나는 태생이 좌우대칭의 어엿한 어족이었으나 감정이 생기면서부터 서서히 퇴화하기 시작했다.

먹이와 먹잇감의 사슬로부터 막연한 두려움이 생기고
두려움을 견디려 무리를 짓고 무리 사이 경쟁이 생겨나고, 필경
도태되어야 하는 자아를 연민하기 시작하면서

조금씩 뒤틀리는 몸, 생각을 버려야 한다.

감정에 끌리는 생각은 자학과 같아
생각이 많으면 색깔이 변하고 입이 틀어지고
눈이 한쪽으로 쏠리며 좌우 균형이 사라지고

납작한 위아래만 남아
〉

위만 보이는 눈으로
배때기 허옇게 닳도록 바닥을 문지르며 살아야 한다. 그러나

그 또한 생존의 한 방식

조류와 수압에 시달려
거죽만 남듯
최대한 납작해지다가, 장난처럼

반半으로 몸을 접고 그 반을 다시 반으로, 그 반의 반을
또 반으로 접어 나가면

퉈퉈한 얼룩이 빠지고
눈이 제자리로 돌아오고
은비늘 돋는 치어의 품새를 되찾을지도 모른다. 그때

기억만 버리면 된다.

그리운 옛집

어릴 적엔 무던히도 횟배를 앓았지. 그때마다 아버지는 등잔불에 코를 끄을리게 하였네. 석윳내를 맡으면 회蛔가 빠진다고

배탈은 또 왜 그리 잦았던지. 개복숭아 개똥참외 주워 먹고 떫은 배 쥐어틀 때 장독대 옆 익모초 몇 잎 돌확에 갈아 목구멍에 흘려 넣던 어머니

비윗하고 쓰디쓴 내 옛집.

전깃불이 들어오고 양약洋藥을 지어 먹으며
반백 년 흘러왔네. 둘둘

그 많던 회 다 빠지고 풋것들 함부로 따 먹지도 않는데
배앓이는 왜 여태 끊이질 않는지

단맛에 이 물려도 배가 아픈지, 이젠 석윳내도 익모초 생약도 듣지 않는

〉

달아난 노예 같은 몸
블랙 아메리카노 한 잔 승늉처럼 흘려 넣으며

너무 쉽게 길들여진 혓바닥을 탄하네. 탕아처럼, 식민지에서 온 아나키스트처럼*

* 김의경의 희곡.

시작 노트

폭설. 사흘째 묻힌 들길을 사흘간 헤매었다. 눈 위에 얹히는 눈, 발자국에 얹히는 발자국, 생각이란 게 고작 그와 같다.